BRIZEUX

Ln 27
38289
A

L. DUPLAIS

BRIZEUX

Na varvo biken da háno,
Ha tud Breiz bepred a gano.

P.-M. LUZEL.

PRIX : 1 fr. 50

PARIS
EN VENTE CHEZ L'AUTEUR
6 ET 8, PASSAGE DE L'INDUSTRIE
(Boulevard de Strasbourg)

1889

A M. Jules SIMON

HOMMAGE RESPECTUEUX

L. D.

Paris, 1889

MÉDAILLE DE BRONZE

au Concours de

LA SOCIÉTÉ LITTÉRAIRE ET ARTISTIQUE « LA POMME »

1888

JULIEN BRIZEUX

Il ne mourra jamais, ton nom,
Et les gens de Brez toujours le chanteront.

Na varvo biken da hàno,
Hatud Breiz bepred a gano.

P.-M. LUZEL.

BRIZEVX
1803-1858
MARIE

JULIEN BRIZEUX

Ce fut à Lorient, le 12 septembre 1803, que naquit Julien-Auguste-Pélage Brizeux (1).

Ses ancêtres, d'origine irlandaise, se réfugièrent en France après la révolution de 1688 et habitèrent une maison de modeste apparence, située sur les bords de l'Ellé (2). Fils d'un chirurgien de marine, qu'il connut à peine, Brizeux, de même que Goëthe, Lamartine, Victor Hugo et bien d'autres poètes, fut élevé par sa mère, qui lui communiqua, ce que j'appellerai volontiers, le fluide mystérieux de son âme, cet amour de l'idéal, de l'infini, qui devait en faire un des plus doux rêveurs de notre siècle.

A huit ans, il commença ses classes sous la direction du bon curé d'Arzanô (3), chez lequel il fit sa première

(1) Le nom du poète s'éteindra à la mort de Louis Brizeux, son cousin germain. Sa mère avait épousé en secondes noces M. Boyer, dont la fille est mariée à M. Arnoux, chef d'escadron d'artillerie en retraite.

(2) Petit village situé à deux heures de Quimperlé, entre Lorient et le Faouet.

(3) M. Lenir.

communion. Là, il connut *Marie*, sur les bancs du catéchisme, *Marie*, l'enfant pauvre du village, qui lui a inspiré de si beaux vers.

En 1816, il entra au collège de Vannes, où les anciens élèves racontaient encore leurs faits d'armes de l'année précédente (1). Ces épisodes frappèrent son imagination. Il les écoutait avec la soif ardente de la jeunesse et il en fut tellement enivré qu'elles lui inspirèrent les pages des *Ternaires*, dont voici quelques lignes (2).

Trois ans après, son grand-oncle, M. Sallentin, directeur du collège d'Arras, l'appela près de lui pour terminer ses études.

A dix-neuf ans, il revint à Lorient, où il passa deux années chez un avoué. De sa ville natale il disait :

Dans notre Lorient tout est clair dès qu'on entre ;
De la porte de ville on va droit jusqu'au centre :
Ainsi marchent ses fils au sentier du Devoir...

En 1824, il quitta la Bretagne pour venir à Paris étudier le droit. C'était le moment où Victor Hugo, par ses *Odes*

---

(1) Au retour de l'Ile d'Elbe, la France, épuisée par tant de combats, ne voulait plus voir couler le sang de ses fils. Les écoliers de Vannes s'armèrent contre les soldats de l'Empereur et la guerre des chouans, celle des géants, comme l'appelait le captif de Saint-Hélène, fut recommencée. Pendant trois mois, blancs et bleus, enfants d'une même patrie, tombèrent sous les balles fratricides, surtout dans l'horrible journée du 10 juin 1815.

(2) Hélas ! loin de l'étude un moment attirés
Combien du bruit des camps restèrent enivrés !
Comme les laboureurs au sol qui les fait vivre,
Presque tous cependant revinrent à leur livre.
Paré du ruban rouge, un d'eux, matin et soir,
Sur les bancs studieux fidèle vint s'assoir,
Il déposa l'épée, il oublia ses grades
Pour lutter de science avec ses camarades,
Mais, en classe, toujours le ruban glorieux
Fixé sur son habit éblouissait les yeux :
Et quand l'enfant passait, souvent sa mère en larmes
A vu de vieux soldats qui lui portaient les armes.

et Ballades ; Lamartine par ses *Méditations*, donnaient une nouvelle impulsion à la littérature, puissamment secondés par la critique intelligente du journal le *Globe*, qui venait de paraître.

La Muse se fit alors entendre au jeune Breton, qui délaissa les *Pandectes* et les *Institutes*, pour les leçons de M. Cousin et les spirituelles lectures d'Andrieux. Il se lia avec Alfred de Vigny et les poètes formant le cénacle de l'époque et débuta par une comédie en vers, intitulée *Racine*, qu'il écrivit en collaboration de Philippe Busoni, disent les uns, d'Arnoult, prétendent les autres.

Trois amours se partagèrent le cœur du poète : son pays, sa mère et Marie. Aussi, chaque année, quand sonnait l'heure des vacances, allait-il les revoir. De retour à Paris, des gerbes poétiques s'échappaient de ses souvenirs. C'est ainsi qu'il chanta la *Mer :*

Ne sens-tu pas d'ici les vagues toutes proches ?
Et la mer, l'entends-tu ? Vois-tu tous ces pêcheurs ?
N'entends-tu pas les cris et les bras des nageurs ?
Ah ! rendez-moi la mer et les bruits du rivage :
C'est là que s'éveilla mon enfance sauvage,
Dans ces flots orageux comme mon avenir,
Se reflètent ma vie et tout mon souvenir !
La mer ! j'aime la mer mugissante et houleuse,
Où, comme en un bassin une liqueur huileuse,
La mer calme et d'argent ! Sur ces flancs écumeux
Quel plaisir de descendre et de bondir comme eux,
Ou mollement bercé, retenant son haleine,
De céder comme une algue aux flux qui vous entraîne !
Alors on ne voit plus que l'onde et les cieux,
Les nuages dorés passent silencieux,
Et les oiseaux de mer, tous allongeant la tête
Et jetant un cri sourd en signe de tempête...
O mer ! dans ton repos, dans tes bruits, dans ton air,
Comme un amant, je t'aime ! et te salue, ô mer !...

Marie, l'ange adoré, revenait aussi hanter ses songes :

Ne crains pas si tu n'as ni parure, ni voile !
Viens sans ta coiffe blanche et ta robe de toile,
Jeune fille du Scorff !...

Le poëme eut trois éditions, et la dernière parue, en 1840, fut, dit Sainte-Beuve, la perfection même.

A la fin de novembre 1831, Brizeux fit son premier voyage en Italie avec Auguste Barbier (1), qu'il avait connu chez A. de Belloy ; de retour en août 1832, il repartit pour Rome deux ans après et s'arrêta quelques mois à Marseille, saluant le soleil du Midi :

Paris m'avait glacé par deux grands mois de pluie ;
Alors, comme au soleil un jeune oiseau s'essuie,
Je m'enfuis vers Marseille, opulente cité,
Et dans tout son bonheur j'y retrouvai l'été.
Le golfe étincelait, et son odeur saline
M'arrivait mollement jusques à la colline,
Où, fatigué du bruit des chantiers et du port
Parmi les arbrisseaux je pensais à mon sort...

Le 20 janvier 1834, M. Ampère choisit Brizeux pour lui succéder dans la chaire de poésie française de cette ville. Plus d'une fois, pendant son séjour de quatre mois, la pensée du Breton vola vers le pays absent :

. . . . . Mais où sont mes amis, ma famille ?
Et voilà que mon cœur retourne vers Paris,
Et puis m'emporte au loin sous le ciel morne et gris
De mon pays natal : la bruyère est déserte,
Sur les rocs du Poull — où la vague roule verte ;
Chaque porte est fermée et l'on entend mugir
L'horrible vent d'ouest aux angles du Men-hir.

De Marseille, il s'embarqua pour Civita-Vecchia. L'Italie devint alors la seconde patrie de son âme, et donna à ses œuvres cette scène exquise de l'art qui les firent remarquer.

---

(1) L'auteur des *Iambes* en rapporta le poëme de *Pianto*, dont une des plus belles pages, le *Campo Santo*, fut dédiée à Brizeux.

De retour, il publia dans la *Revue des Deux-Mondes*, les *Batelières de l'Odet* et la *Nuit de Noël.*

. . . . . Et tous vont adorer l'enfant aimable,
Le roi des pauvres gens, le Dieu né dans l'étable, etc.
. . . .

En 1841, il fit paraître une traduction de la *Divine Comédie* du Dante, dont M. Villemain fit un touchant éloge et changea le titre de son recueil des *Ternaires* pour celui de *Fleur d'Or*. « Il a semé, dit un de ses biographes, ses meilleurs trésors sur la route qui mène des bourgs de Bretagne aux villes d'Italie. »

Des villes d'Italie où j'osai, jeune et svelte,
Parmi ces hommes bruns, montrer l'œil bleu d'un Celte,
J'arrivai plein des feux de leur volcan sacré,
Mûri par leur soleil, de leurs arts enivré,
Mais dès que je sentis, ô ma terre natale,
L'odeur qui des genêts et des landes s'exhale,

Lorsque je vis le flux, le reflux de la mer,
Et les tristes sapins se balancer dans l'air,
Adieu les orangers, les marbres de Carrare !
Mon instinct l'emporta, je redevins barbare,
Et j'oubliai les noms des antiques héros,
Pour chanter les combats des loups et des taureaux !

Quelle joie pour Brizeux de revoir la Bretagne. Après quelques jours passés dans sa famille, il se retirait au fond d'un village ; se contentant d'une médiocre nourriture, partageant la vie pénible des paysans, des travailleurs, il composa pour eux, en 1830, l'*Hymne à la Liberté*, en voici quelques lignes :

Aimons la Liberté ! C'est le souffle de Dieu ;
C'est l'esprit fécondant qui pénètre en tout lieu ;
C'est l'éclair dans la nuit ; sur l'autel c'est la flamme ;
Le verbe inspirateur qui rend la vie à l'âme.
. . . .
Les Muses autrefois foulaient le Parthénon,
Et sur les lyres d'or elles disaient son nom ;
Les sages l'adoptaient, appelant libérales
Toutes créations divines, idéales ;
Car la Liberté porte un cœur religieux,
Et dans son temple immense elle admet tous les dieux.
Statuaire, à ton marbre! Et quand il prend sa lyre,
Le poète au beau front, écoute son délire !
Au travail ! Au travail! Qu'on entende partout
Le bruit saint du travail et d'un peuple debout !
Que partout on entende et la scie et la lime,
La voix du travailleur qui chante et qui s'anime !
Que la fournaise flambe et que les lourds marteaux,
Nuit et jour et sans fin, tourmentent les métaux !
Rien n'est harmonieux comme l'acier qui vibre
Et le cri de l'outil aux mains d'un homme libre :
Au fond d'un atelier rien n'est plus noble à voir
Qu'un front tout en sueur, un visage tout noir,
Un sein large et velu que la poussière souille
Et deux robustes bras tout recouverts de houille!
Au travail ! Au travail ! A l'œuvre ! Aux ateliers !
Et vous de la pensée habiles ouvriers,
A l'œuvre. Travaillez tous dans votre domaine,
La matière divine et la matière humaine.
Inventez, maniez, changez, embellissez.
La *Liberté* jamais ne dira : « C'est assez ! »
Tout audace lui plaît ; vers la nue orageuse
Elle aime à voir monter une aile courageuse.

Il publia, en 1845 : *Les Bretons*, duquel je détache les *Iles* (1), ce poème fut couronné par l'Académie française. Deux ans après, il fit son quatrième et dernier voyage en Italie. Les évènements de 1848 le surprirent à Rome, et il ne revint en France qu'au mois d'avril de l'année suivante ; ensuite, il partagea son temps entre la Bretagne et Paris, s'inspirant toujours du beau et du bien, ce qui lui faisait dire :

La fleur de poésie éclot sous tous nos pas,
Mais la divine fleur plus d'un ne la voit pas.

Primel et Nola, ainsi que les *Histoires poétiques* (2) parurent à cette époque. Les dernières inspirations du poète pour son pays ont pour titre : *Elégie de la Bretagne*, dont voici un fragment :

La science a le front tout rayonnant de flammes,
Plus d'un fruit savoureux est tombé de ses mains :
Eclaire les esprits sans dessécher les âmes,
O bienfaitrice ! Alors viens tracer nos chemins.

---

(1) Une chaîne d'ilots ou de roches à pic
De St-Malo s'étend jusqu'à l'île d'Hœdic :
Iles durant six mois s'enveloppant de brume,
De tourbillons de sable et de flocons d'écume,
Des chênes autrefois les couvrirent, dit-on :
Chaque foyer n'a plus qu'un feu de goëmon,
Parfois derrière un mur où vivait un ermite
Dont le vent a détruit la cellule bénite,
Derrière un mur s'élève un figuier pâle et vieux,
Arbre cher aux enfants, seul plaisir de leurs yeux.
La tristesse est partout sur ces îles sauvages,
Mais la paix, la candeur, la foi des premiers âges ;
Les chants n'ont point de borne, et les seuils point de clé.
Les femmes d'un bras fort y récoltent le blé ;
De là sortent aussi, sur les vaisseaux de guerre,
Les marins de Bretagne, effroi de l'Angleterre.

(2) Également couronnées par l'Académie française.

Pourtant ne vante plus tes compagnes de France !
J'ai vu, par l'avarice, ennuyés et vieillis,
Des barbares sans cœur, sans foi, sans espérance,
Et l'amour m'inspirant j'ai chanté mon pays.
Vingt ans je l'ai chanté ! Mais si mon œuvre est vaine,
Si chez nous vient le mal que je fuyais ailleurs,
Mon âme montera, triste encore, mais sans haine
Vers une autre Bretagne, en des mondes meilleurs !

Harpe d'Armorique, renferme les chants du poète, devenus populaires à Vannes, Quimper et Tréguier.

La *Sagesse de Bretagne* est un recueil de proverbes, terminé par une notice sur le savant philologue Le Gonidec (1). Ces deux ouvrages furent publiés dans la langue du pays. J'en détache les pensées suivantes :

Un drap blanc et cinq planches,
Un bourrelet de paille sous votre tête
Et cinq pieds de terre par dessus,
Voilà les biens du monde dans la tombe.

Breton biskoaz
Trubarderez na réaz. (2)

Brizeux travailla aussi à un dictionnaire de *Topographie Bretonne*, et la mort le surprit au moment où il méditait : *La Chute de la Bretagne*, poème sur l'histoire héroïque du pays.

Enfant, il paraissait d'une santé robuste ; jeune homme il fut sujet à de fréquentes indispositions et ce fut la phthysie qui l'emporta. « Mon gros rhume, écrivait-il à un de ses parents, le 20 mars 1858, ne s'en ira qu'avec la chaleur, aussi vais-je aller au devant d'elle dans le Midi ». Malgré les instances de M. Ernest Boyer, sous-préfet de Corbeil et de plusieurs amis, il partit le ven-

(1) Cette notice fut reproduite dans la grammaire celto-bretonne.

(2) Jamais breton.
Ne fit trahison.

dredi 16 avril, et arriva presque mourant à Marseille. A peine eut-il la force de se faire conduire à l'hôtel le plus proche du chemin de fer et fit prévenir son ami, Saint-René Taillandier qui accourut, accompagné du docteur Combal. La poitrine labourée par d'effroyables lésions, les poumons complètement perforés et une fièvre intense ne laissèrent aucun doute sur sa fin prochaine.

Le mardi suivant, il fut installé dans une jolie chambre au fond d'un jardin. Ses fidèles amis lui donnèrent pendant quinze jours les marques les plus touchantes d'une amitié sans bornes. Jusqu'à sa dernière heure, Brizeux conserva son excessive sensibilité. Son esprit plein de netteté ne défaillit pas un instant.

A ceux qui l'entouraient, il répétait :

Ce monde a ses beautés : l'autre plus vaste encor,
Aux regards du mourant ouvre ses sphères d'or,
Et vers l'immensité décide son essor

Plein de foi dans l'immortalité, admirable dans les souffrances de la dernière agonie, qui commença le dimanche 2 mai, il rendit son âme à Dieu le lundi, à cinq heures du matin !...

Né pauvre, le poète de la Bretagne mourut pauvre. Décoré sous le ministère de M. de Salvandy, il n'avait pour toutes ressources qu'une modique pension. Poète chrétien, artiste consommé, l'originalité de son inspiration, la forme achevée de ses récits ont fait vivre sa mémoire. « Quand je serai mort, disait-il, que mon pays fasse transporter mon corps dans ma patrie. Je l'ai fait moi-même pour celui de Le Gonidec. »

Vous mettrez sur ma tombe un chêne, un chêne sombre,
Et le rossignol noir soupirera dans l'ombre :
« C'est un barde qu'ici la mort vient d'enfermer.
« Il aimait son pays et le faisait aimer. »

Le *Messager du Midi* annonça la triste nouvelle et ce

fut ainsi que Saint-René Taillandier termina son article en s'adressant d'une manière toute spéciale aux auditeurs du cours de littérature française: « Brizeux est mort, loin de sa mère, loin de son pays, qu'il a tant aimé. Associez-vous, messieurs, à ce deuil public, car il est digne de vos sympathies, le poète qui n'a jamais chanté que la religion, la patrie, la liberté, le culte du bien et du beau, ainsi que les sentiments les plus purs de l'âme humaine ».

Le lendemain, une foule composée de savants, de travailleurs, accompagnèrent sa dépouille à l'église Sainte-Eulalie.

Au cimetière, son corps fut déposé dans un caveau provisoire.

Avant que le cortège ne se séparât, M. Saint-René retraça d'une voie émue, la vie du poète : « Brizeux, dit-il en terminant, n'appartient pas seulement à la Bretagne, mais à la France entière, à ceux qui savent goûter la délicatesse des sentiments, l'élévation de la pensée, le charme et la mélodie du langage. » M. Grasset, conseiller à la cour impériale, prit à son tour la parole pour exprimer la douleur de ses confrères, et après lui, M. Théodore Serre dit un dernier adieu à celui que la mort a trop tôt ravi.

Quelques jours après, un frère du poète ramena son corps en Bretagne (1). Le cercueil entra dans le port de Lorient (2) au milieu d'une nombreuse assistance. MM. Guieysse, le docteur Bodélio, le capitaine Jury, Edouard Briault, parlèrent tour à tour au bord de la tombe de leur ami. Un vénérable vieillard, ancien direc-

---

(1) Les frais en furent supportés par le gouvernement.

(2) Un tombeau de granit, dû au ciseau de M. Le Brun, d'après le dessin d'Etex, lui a été élevé par souscription. C'est une croix grecque, au bas de laquelle repose le sarcophage : au-dessus une palme et une couronne: au revers d'un médaillon en marbre blanc, se trouvent les titres des œuvres principales du poète. Selon son désir un chêne a été planté derrière la croix.

teur de la jeunesse de Brizeux, arrosa de ses larmes la terre qui recouvrit le corps de son élève, et un jeune ouvrier typographe, M. Le Godec, rendit un dernier hommage au barde breton.

Quelques jours plus tard, M. Luzel composa dans la langue celtique, une pièce de vers charmante dont la devise est : « *Mourir pour revivre* ».

Brizeux eût mérité pour son monument l'inscription qu'il fit pour celui d'un ami :

C'était un diamant. La perle la plus rare
Se dissout dans l'acide et finit lentement.
L'acier lance en éclats le marbre de Carrare.
Rien n'entamait son cœur. C'était un diamant.

Le 10 juin 1858, ses confrères de Paris lui firent célébrer un service funèbre dans l'église Saint-Germain-l'Auxerrois.

« Qui laisse un nom, ne peut mourir », a dit Elisa Mercœur. Le souvenir de Brizeux est, en effet, dans toutes les mémoires. Il fit deux fois son testament ; la première, le 2 octobre 1846, en faveur de M. Lacaussade ; la seconde, en 1857, partageant, entre ce dernier et M. Saint René, ses dernières volontés. En lui dédiant une de ses *Histoires poétiques*, il écrivit :

Des bords de la Durance aux fleuves des Germains,
O sage explorateur des grands courants humains !
Mort ! Je vous lègue, ami, le soin de ma mémoire.
. . . .
Ah ! mes vers, sur les flots, dans les bois recueillis,
Mes vers, mon seul trésor, ne seront point trahis !..
Vous avez le respect de toute noble chose ;
Entre vos nobles mains, amis, je les dépose.

Sainte-Beuve, Charles Magnin, Gustave Planche, Théophile Gauthier, rendirent hommage à Brizeux, mais celui qui résuma d'une façon très juste la nature de son talent fut L. Ratisbonne : « C'est le poète du foyer, dit-il, il n'a pas un grand souffle, mais il est pur. D'ailleurs, la flûte sur laquelle il soupire, est à lui comme à Musset « son verre ». Vif, d'un caractère indépendant, Brizeux s'oubliait lui-même pour ne penser qu'à ses travaux ; d'humeur brusque, passionné dans l'enthousiasme comme dans l'antipathie, aussi prompt à s'exalter qu'à revenir, la générosité de son cœur réparait toujours les emportements de son esprit et la haine lui était inconnue. » Sa jeunesse fut nomade comme celle du Tasse, sa vie fut errante et agitée. Il appartenait au groupe de George Crabbe (1) et suivit souvent l'exemple de Lamartine.

Parmi ses meilleurs amis, se trouvaient deux poètes bretons : De Beauchesnes et Turquetty. Ce fut, dans les matinées du comte de Vigny, qu'il fit la connaissance de Victor Hugo, de Fitz-James et d'Alfred de Musset. Le premier n'avait aucune ressemblance avec le dernier et ils ne se comprirent même pas. L'auteur de *Rolla* s'enivra dans Paris aux sources des passions humaines, tandis que le chantre de *Marie* y cueillit le rameau d'or de la science. La seule ambition de Brizeux fut d'entrer à l'Académie française : les suffrages qu'il en avait obtenus deux fois, semblaient lui promettre la réalisation de son rêve, quand la mort vint le surprendre. Mais son dernier vœu, exprimé dans les vers suivants, aura été exaucé :

O vous, bardes sacrés, ô chanteurs radieux.
Un nid voisin de l'aigle, un tombeau près des cieux !
A vous les hauts sommets ! A moi l'humble vallée,
Et comme fut ma vie une tombe voilée.
. . . . . . Tout près du pont Kerlo
Dans un bois qui pour naître avait le vieil Elo,
Couché parmi les bois, au murmure des sources,
Je reposerais bien, je crois, après mes courses.

---

(1) Célèbre poète anglais, né à Aldborough, le 24 décembre 1754, mort le 3 février 1832.

Tressaille de joie, ô poète, car les fils de la France, les fiers Bretons, vont célébrer ta gloire, écoute Longuécand le rêveur malouin.

Sous ta modeste croix, ta cendre est refroidie;
La voix du vent, dans l'air jette sa mélodie,
Et du chêne des morts frissonnant les rameaux.
On dit que sa patrie, oublieuse et distraite
Laissa l'herbe pousser dans l'enclos du poète
Et la main libre au Temps qui mine les tombeaux.
Mais son nom doit du Temps traverser la nuit noire;
Voici que l'on revient à ta chère mémoire,
Le sculpteur va, debout, te rendre à la cité.
Tard, d'un illustre enfant Lorient se fait fière,
Et l'aumône du marbre honore sa poussière.
O toi qui, noblement, soutins la pauvreté ! (1)

Les savants t'étudient, les artistes t'acclament et tous les cœurs vraiment français s'unissent, ô cher poète, pour admirer en toi un des plus honnêtes écrivains du dix-neuvième siècle.

---

(1) Le buste de Brizeux a été couronné le 8 juin 1888, à l'Exposition bretonne-angevine de Paris et inauguré à Lorient, le 9 septembre suivant.

DISCOURS DE M. JULES SIMON

PRONONCÉ A LORIENT, LORS DE L'INAUGURATION DE LA STATUE BRIZEUX

MESSIEURS,

Je ne puis être ici qu'un auditeur. Je ne veux pas parler des vers de Brizeux après deux poètes (1).

Je dis deux poètes, parce que Renan est à la fois un érudit, un philosophe et un poète. — Je viens seulement, comme Breton et comme Lorientais, attacher une couronne au socle de la statue.

Notre siècle a vu d'autres grands écrivains bretons, Chateaubriand, La Mennais ; mais celui-ci n'est pas seulement à nous ; c'est pour nous qu'il a chanté et qu'il a vécu. La Bretagne a rempli ses œuvres et sa vie.

Sa famille avait voulu en faire un homme d'affaires, un homme positif ; quelle erreur !

Lui-même a essayé d'être auteur dramatique.

Le drame ne lui allait pas mieux que la procédure. Il était né pour écrire *Marie*, les *Bretons* et la *Fleur d'Or*. Il est mort encore jeune après les avoir écrits, semblable à ces arbustes qui ne produisent qu'une fleurette, et se flétrissent aussitôt qu'elle est éclose.

Ce sol, que nous foulons, a vu plusieurs civilisations, il a traversé plusieurs gloires. C'est le pays des Druides, si cher à Henri Martin, de Merlin l'enchanteur, et de la forêt de Brocéliande ; c'est aussi le pays de Duguesclin, d'Olivier de Clisson, de Beaumanoir ; celui de Duguay-Trouin, de Surcouf, c'est le tien, généreux Bisson, dont j'ai vu dans mon enfance inaugurer la statue.

(1) MM. Eugène Manuel et Renan.

Brizeux n'avait que le choix entre les épopées, et la pensée de raconter nos batailles hanta, dit-il, un moment son esprit.

Ah ! si j'avais vécu dans les âges antiques,
Lorsque le fer en main, pendant plus de mille ans
Tu repoussais l'assaut des Saxons et des Francks,
Te levant chaque fois plus fière et plus hardie,
Toute rouge de sang, et rouge d'incendie,
O grand Noménoé, Morvan, rivaux d'Arthur,
Maniant près de vous ta claymore d'azur,
Quels chants j'aurais jetés dans l'ardente mêlée !

Mais il se trompait, le doux poète ; ou il ne parlait un moment de la Bretagne sanglante que pour l'éloigner à jamais de ses vers. Sa place n'était pas avec les Tyrtées. Il n'était pas non plus le poète de nos côtes terribles, où les Druides ont jeté les pierres de Carnac, comme des géants qui jouent aux osselets avec des quartiers de rochers. Il était fait pour t'entendre, ô douce voix de la faiblesse ; pour faire résonner sous ses doigts la belle harpe d'or où les notes tristes alternaient avec les notes joyeuses.

Mais, ô calme riant des bois,
Revenez dans mes vers, adoucissez ma voix :
Faites aimer ce que je vois.....
C'est là de tous mes vers la pieuse demande.
Esprits des champs et de la lande,
Versez en moi la paix pour que je la répande...
Hélas ! je sais un chant d'amour
Triste et gai tour-a-tour
Toujours le beau nom de Marie
Se mêle au nom de ma patrie.

Dans les plaines riantes de Naples, sur les bords du golfe enchanté, à deux pas du Pausilippe, il regrette son ciel brumeux, les chants doux et monotones qui ont bercé son enfance, les pélérinages à la Vierge du Folgoet, et les longs récits de la veillée, toujours les mêmes et toujours écoutés avec la même ardeur tranquille. Il semble qu'il ne se soit assis un instant à côté du tombeau de Virgile que pour revenir, avec des ailes plus grandes, au pays d'Arvor. Il rapporta d'Italie la légende des *Bretons*, qui complète son œuvre sans en changer le caractère. *Marie* est l'idylle du printemps, belle comme une fleur sauvage, les *Bretons* sont le fruit d'un art plus exercé et plus maître de lui, peut être un peu attristé dans cette dernière œuvre, par les déceptions de la vie et le pressentiment d'une mort prématurée. C'est toujours la Bretagne, avec ses paysages et ses hommes, décrite, comprise, expliquée, pénétrée dans sa tendresse profonde, dans sa calme et pieuse résignation, et dans l'inaltérable solidité de sa force morale. Quel est celui des compagnons de sa jeunesse qui ne retrouve, en le lisant, les chemins creux qu'il a parcourus il y a cinquante ans, les parfums qui embaumaient l'air, les jeunes cœurs sur lesquels il s'appuyait, et ces vieux cantiques entonnés le soir avec tant d'élan et de ferveur, dont les paroles aujourd'hui nous font sourire, et dont le souvenir nous fait pleurer? Jamais évocation ne fut plus puissante et plus émouvante. On sent palpiter le cœur de la Patrie.

Voyez, cependant : si Brizieux revenait au milieu de nous, le mouvement des cinquante dernières années le remplirait à la fois de joie et d'inquiétude. Le roc séculaire a été fortement secoué. La civilisation moderne nous assaille de toutes parts ; elle fond sur nous comme une invincible armée, par les écoles, par les lois, par les chemins de fer, par l'industrie, par la langue ; elle emporte ces vieilles chansons que tu aimais, poète ; cette langue bretonne que tu as parlée, et dans laquelle tu as composé des chants populaires ; elle jette au rebut ces costumes si longtemps portés par nos frères, comme des symboles de notre fidélité et de notre obstination nationales ; elle proscrit ces usages quatre fois séculaires auxquels nous tenions comme aux rites de la famille, et, pénétrant jusqu'à nos âmes, elle s'efforce d'entamer les vieilles croyances qui, chez nous au moins, identifiées à nos traditions et à nos luttes nationales, semblaient à jamais invincibles.

La Bretagne est comme notre Mont-Saint-Michel, — *Saint-Michel au péril de la mer*, — à qui les flots faisaient une ceinture, et qu'une digue, nouvellement construite, rattache au continent, en augmentant sa richesse aux dépens de sa beauté.

Choisissons ce moment pour consacrer par la statue de Brizeux, le souvenir de la vieille Bretagne et pour en ranimer le culte. Rassurons-nous, elle ne périt pas ; elle change à peine ; la transformation est toute de surface. Nous recevons avec joie les bienfaits de la civilisation, mais nous gardons en nous le cœur de nos pères. Nous sommes comme eux la race courageuse, la race pacifique, qui ne sait ni reculer, ni trembler, ni se parjurer :

La race aux longs cheveux
Que rien ne peut dompter, quand elle a dit : je veux !...
Le vrai sang de tes fils coule encore dans nos veines,
O terre de granit, recouverte de chênes !

IMPRIMERIE
TYPOGRAPHIQUE
N.-M. DUVAL
PARIS
17, RUE DE L'ECHIQUIER, 17

DU MÊME AUTEUR

POÉSIES (Editions épuisées)...............

PROGRÈS DE LA LITTÉRATURE EN SAINTONGE.....

LES FIGURES MARITIMES (Célébrités Rochefortaises).

L'AMIRAL DUPLEIX.............................

RIOUST DE VILLAUDREN (Editions épuisées).......

OLIVIER BASSELIN.............................

LA BRETAGNE ET SES FILS......................

LE VIN DE CHAMPAGNE..........................

MALFILIATRE..................................

BAGNOLES-DE-L'ORNE...........................

EN PRÉPARATION :

Histoire du P'tit Léon.................

Imp. N.-M. Duval, 47, r. de l'Echiquier

www.ingramcontent.com/pod-product-compliance
Ingram Content Group UK Ltd.
Pitfield, Milton Keynes, MK11 3LW, UK
UKHW021030260726
13994UKWH00005B/2058